AF395669

ugène RAIGA

Docteur en Droit

Chargé de Conférences à la Faculté de Droit
de l'Université de Paris

LE MONT-DE-PIÉTÉ

DE

PARIS

LIBRAIRIE

DE LA SOCIÉTÉ DU

RECUEIL SIREY

22, Rue Soufflot, PARIS-5e

L. LAROSE & L. TENIN, Directeurs

—

1912

LE
MONT-DE-PIÉTÉ
DE PARIS

Eugène RAIGA

Docteur en Droit

Chargé de Conférences à la Faculté de Droit
de l'Université de Paris

LE MONT-DE-PIÉTÉ

DE

PARIS

LIBRAIRIE

DE LA SOCIÉTÉ DU

RECUEIL SIREY

22, Rue Soufflot, PARIS-5e

L. LAROSE & L. TENIN, Directeurs

1912

Cette étude n'est que la mise au point d'une de mes leçons faites à la Faculté de droit pour le *Certificat d'études administratives et financières*. Quelques personnes amies ayant pris intérêt à la question du Mont-de-Piété de Paris et à la réforme proposée en vue de la constitution gratuite de sa dotation, m'ont engagé à à la publier.

Graine jetée aux hasards du vent.

E. R.

Paris, 2 juin 1912.

LE MONT-DE-PIÉTÉ

DE PARIS

INTRODUCTION

UN PARADOXE

L'usure. — Les Monts-de-Piété. — Leur rôle. — Le prix
de leurs services.

On ne prête qu'aux riches, selon un vieux proverbe.
Cela ne signifie pas qu'eux seuls aient à recourir au
crédit. S'ils empruntent c'est en vue d'entreprises,
d'acquisitions, de spéculations. de profits à réaliser,
et cela leur est facile : ils ont de quoi répondre.

Les pauvres et aussi les gens de condition modeste
ont également et souvent besoin d'emprunter, mais
pour d'autres fins : la plupart du temps pour subvenir aux nécessités immédiates de la vie. C'est
l'ouvrier en chômage; l'artisan qu'une crise indus-
trielle ou la morte-saison a mis dans l'embarras; le
petit commerçant qu'une trop lourde échéance sur-

prend dans l'insuffisance des ressources, ou à qui une somme modique qu'il ne peut solliciter d'un banquier, pourrait assurer la conclusion d'un marché avantageux; c'est l'employé dont la maladie ou un événement fortuit a épuisé les économies, etc..., tous, petites gens éprouvant une gêne momentanée, sans crédit àu sens commercial du mot, n'ayant en effet pour tout gage que leurs instruments de travail, ou leurs meubles, leurs bijoux, leur linge, leurs hardes.

C'est aussi le viveur, le joueur, la demi-mondaine; c'est la famille bourgeoise que la vanité et le goût de briller ont poussé à dépasser la limite de ses forces, ou qui subit quelque crise imprévue; les uns et les autres en quête d'une somme d'argent coûte que coûte.

De tout temps, dans tous pays, des prêteurs se sont rencontrés pour s'enrichir de ces misères : publicains, lombards, cahorsins, juifs de toutes races et de toutes religions. On connaît la parole du Christ : Prêtez sans rien attendre en retour ! Parole dans le désert. Tous les âges sont témoins de la rapacité des usuriers.

Les monts-de-piété ont été créés pour mettre un terme aux scandales et aux abus de l'usure et aussi pour prévenir le recel. Ils sont d'origine italienne : *monte di pieta* signifie banque de charité. Tout à la fois établissements de crédit et institutions charitables, ils ont pour objet le prêt sur gage.

Si le défaut de prévoyance, le vice parfois, font dans une certaine mesure la clientèle des monts-de-piété, c'est le besoin urgent, inexorable, tenaillant l'homme aux prises avec les dures fatalités de l'existence, qui amène aux portes de ces établissements une foule de gens humbles et honorables, la plupart soucieux de cacher leur gêne et qui trouvent dans les avances secrètes qu'ils reçoivent un secours à leur détresse.

Dans la société économique, telle qu'elle est organisée, où l'âpre concurrence fait de la vie un combat qui laisse sur le terrain tant de vaincus et de blessés, les monts-de-piété — leur chiffre d'affaires en est le témoignage — répondent à un incontestable besoin social.

Il serait conforme à la destination d'établissements de cette nature que les prêts sur nantissement fûssent faits à un taux d'une grande modération. C'est en effet au profit des classes les plus modestes qu'ils ont été créés. Il y a en France et en Algérie 45 monts-de-piété. Eh bien, on est obligé de le constater : Pas un n'est un établissement de prêt à bon marché. Presque tous prêtent à un taux qu'il n'est pas exagéré de qualifier d'exorbitant. A peine quelques-uns prélèvent un intérêt à peu près normal de 4 à 5 %. Trente-trois exigent de leurs emprunteurs plus de 6 %.

Le Mont-de-Piété de Paris, après avoir prêté à 9,50 %, prête encore aujourd'hui à 8 %. N'est-ce pas une gageure.

On arrive à ce paradoxe : la loi leur confère le

monopole du prêt sur gages mobiliers en vue de soustraire les humbles aux exactions des usuriers et ces établissements de monopole se comportent à l'égard des emprunteurs comme des usuriers de profession !

Cette situation a ému de longue date les pouvoirs publics. Des propositions de loi inspirées de sentiments d'humanité et de justice ont vu le jour, mais n'ont pu encore aboutir. Le conseil municipal de Paris, de son côté, toujours empressé à la défense des intérêts des déshérités, a préconisé différentes solutions, jusqu'ici sans succès. Nous les examinerons. Le Sénat vient de reconstituer sa commission des monts-de-piété et d'ordonner une enquête sur leur fonctionnement (1).

Le vice essentiel de l'institution est celui-ci : Les monts-de-piété n'ont pas de capitaux leur appartenant. Pour prêter, ils sont obligés d'emprunter. Conséquence : le taux de leurs prêts est majoré du taux de leurs emprunts.

Ce vice disparaîtra quand on aura trouvé le moyen de leur remettre gratuitement les fonds nécessaires à leurs opérations.

Le problème ne semble pas impossible à résoudre. J'indiquerai à la fin de ce travail une solution qui paraîtra sans doute réalisable et pratique et qui peut s'appliquer non seulement au Mont-de-Piété de Paris

(1) Le *Temps* du 31 mai 1912.

auquel cette étude est consacrée, mais à tous ceux de France et d'Algérie.

Si le défaut d'un capital propre est la principale cause de l'excessive cherté de l'aide pécuniaire que procure notre établissement parisien, elle n'est pas la seule.

Certaines défectuosités d'organisation et de fonctionnement viennent augmenter ses frais généraux et par contre-coup le taux de ses prêts.

Pour mettre en relief ces défectuosités et rechercher les moyens d'y remédier, il importe de procéder à un examen d'ensemble de l'institution.

Le Mont-de-Piété de Paris, comme presque toutes les institutions parisiennes, a un régime spécial. Il a une origine et une complexion particulières : il est en quelque sorte le frère cadet de l'administration générale de l'Assistance publique à laquelle il est attaché par des liens de famille étroits et dont il souffre. Voulant vivre sa vie, nous verrons que ces liens, par la force des choses, il a cherché à les rompre et que, s'il n'y a pas réussi, il est parvenu tout au moins à les relâcher.

Tel qu'il est, c'est-à-dire sans modifier sa constitution d'origine, il semble, qu'à l'aide de quelques réformes, il serait possible de le mettre en état de rendre tous les services en vue desquels il a été créé, qu'on attend de lui et que, en dépit du zèle et de la bonne volonté de ses administrateurs, il rend mal, comme toute institution privée des moyens de répondre à ses fins.

Nous examinerons :

I. — Comment est né le Mont-de-Piété de Paris; quel est son régime propre.

II. — Comment il est administré et surveillé.

III. — Dans quelles conditions il fonctionne, c'est-à-dire quelles opérations de prêt il fait, comment il les fait et avec quelles ressources.

IV. — Quelle est la nature des liens qui l'attachent à l'Assistance publique et quelles obligations en résultent;

V. — Quelles critiques a soulevées son fonctionnement; quelles réformes ont déjà été proposées, quelles paraissent nécessaires et réalisables.

CHAPITRE PREMIER

ORIGINE DU MONT-DE-PIÉTÉ DE PARIS

Les lettres patentes de 1777. — L'Hôpital général.
Le décret de l'an XIII. — Régime spécial. — Monopole

L'existence des monts-de-piété en France remonte
au XVIe siècle. Le premier fut créé à Avignon en 1577.
Celui de Paris le fut par lettres patentes du 9 novembre 1777. Ces lettres patentes décidaient qu'il serait
établi « un mont-de-piété ou bureau général de caisse
« d'emprunt sur nantissement, tenu sous l'inspection
« et administration du lieutenant-général de police
« et de quatre administrateurs de l'Hôpital général,
« nommés par le bureau d'administration dudit
« Hôpital général et dont les fonctions seront chari-
« tables et entièrement gratuites ».

Ce texte ajoutait que « lorsqu'il se trouvera des
« fonds en caisse au delà de ceux nécessaires pour la
« régie et les charges de l'établissement, ils seront
« appliqués au profit de l'Hôpital général de notre
« bonne Ville de Paris... »

Ces lettres patentes définissent exactement son caractère. Il était fondé dans un double but :

1º Venir en aide aux nécessiteux au moyen de prêts sur nantissement.

2º Réserver les bénéfices d'exploitation de cet établissement à l'Hôpital général. Ainsi, le bénéfice fait sur les pauvres, disait-on, retournait aux pauvres.

Le bureau du Mont-de-Piété fut, au début, établi dans une maison sise rue des Blancs-Manteaux (28 décembre 1777). Plusieurs immeubles contigus furent achetés des deniers de l'Hôpital général en 1779 et 1783 et sont encore aujourd'hui le siège de l'administration centrale.

Cet établissement fut supprimé par la Révolution comme étant un établissement de monopole et le prêt sur gages fut abandonné à la spéculation privée. Mais les abus des prêteurs, qu'on dénommait les *Lombards*, firent bientôt désirer le retour à l'ancien état de choses.

Le Directoire rétablit le Mont-de-Piété de Paris, autorisant cinq capitalistes moyennant un apport de 500.000 francs en espèces à créer des actions à la disposition du public. Les bâtiments des Blancs-Manteaux furent considérés comme l'apport de l'Administration des hospices et il fut convenu que les bénéfices éventuels seraient partagés également entre les actionnaires et cette administration.

Un décret du 24 messidor an XII donna au Mont-de-Piété le caractère d'une administration publique. Il maintenait dans son conseil d'administration quatre membres du Conseil général des hospices et trois représentants des actionnaires. Mais il prescrivait qu'à l'aide des ressources que fourniraient les hospices, il serait pourvu au cours de l'an XIII au remboursement entier des fonds versés par les actionnaires. Après le remboursement, les représentants des actionnaires cesseraient de prendre part à l'administration de l'établissement. Un décret du 8 thermidor an XIII fut rendu, qui éliminait les actionnaires et décidait que le Mont-de-Piété des Hospices de Paris sera désormais régi et gouverné, sous l'autorité du ministre de l'Intérieur et celle interposée du préfet du département de la Seine, par le conseil d'administration créé en vertu du décret du 24 messidor an XII et d'après le règlement annexé au présent décret.

Le décret de l'an XIII et le règlement qui y fait suite fixant l'organisation et le fonctionnement du Mont-de-Piété, sont toujours en vigueur aujourd'hui dans la plus grande partie de leurs dispositions. Ces textes ont été modifiés sur certains points seulement par un décret-loi du 24 mars 1852 qui règle le mode d'administration de cet établissement.

Il convient de remarquer que la loi du 24 juin 1851 sur les monts-de-piété n'a pas touché à la constitution de celui de Paris. La loi de 1851 en effet établit une distinction entre les monts-de-piété fondés comme établissements distincts de tous autres et ceux qui ne rentrent pas dans cette catégorie. Ces derniers sont exclus des bénéfices de ladite loi. Or, aux termes d'un avis du Conseil d'État du 29 décembre 1852, les monts-de-piété qui ne doivent pas être considérés comme fondés à titre distinct d'autres établissements, sont ceux qui ne sont pas autorisés à conserver leurs excédents de revenus. Tel est le cas du Mont-de-Piété de Paris qui, nous le verrons, est obligé de verser ses excédents de recettes dans la caisse de l'administration générale de l'Assistance publique et qui, par là-même, échappe à la réglementation de droit commun.

Le Mont-de-Piété de Paris, institution de prêt sur gage mobilier, est un établissement de monopole. Une loi du 16 pluviôse an XII dispose en effet qu'aucune maison de prêt sur gage ne saurait être établie qu'au profit des pauvres et avec l'autorisation du Gouvernement. Cette loi prescrivait en même temps la clôture des maisons existantes. D'autre part, le Code pénal (art. 411) a édicté des peines contre ceux qui auront établi ou tenu des maisons de prêts sur gage sans autorisation légale.

Comme cette autorisation légale n'a pas été donnée à Paris à d'autres établissements qu'au Mont-de-Piété, on peut dire qu'il jouit d'un monopole exclusif.

Mais ce monopole n'existe pas pour toutes les catégories d'opérations qu'il fait. Une loi du 25 juillet 1891 l'autorise à prêter sur nantissement de valeurs mobilières. Non seulement le Mont-de-Piété de Paris ne jouit d'aucun monopole à cet égard, mais au contraire il a vu limiter très étroitement son pouvoir de prêteur sur titres, tandis que la Banque de France, le Crédit Lyonnais, la Société générale, tous les établissements de crédit pratiquent librement ce genre d'opérations. Ce n'est qu'accessoirement qu'elles sont et peuvent être dans les attributions d'un mont-de-piété.

CHAPITRE II

ADMINISTRATION

Directeur. — Conseil de surveillance. — Comptabilité. Personnel.

Les monts-de-piété, bien que la loi les qualifie d'établissements d'utilité publique, sont considérés par la jurisprudence comme des établissements publics dont ils ont tous les caractères (1). Comme les autres, celui de Paris est un véritable service administratif avec personnalité juridique.

Le décret-loi du 24 mars 1852 qui place son administration sous l'autorité du préfet de la Seine et du ministre de l'Intérieur, la confie à un directeur responsable sous la surveillance d'un conseil.

Le directeur est nommé par le ministre de l'Intérieur sur une liste triple de candidats présentée par le préfet de la Seine. Son traitement est de 18.000 francs.

Le directeur exerce son autorité sur les services intérieurs et extérieurs. Il prépare les budgets, ordon-

(1) Ducrocq. t. VI, p. 551. Cassation, 3 avril 1878.

ance toutes les dépenses et présente le compte de
on administration. Il représente le Mont-de-Piété en
ustice soit en demandant, soit en défendant (1). Il
 sous ses ordres tout le personnel de l'administration.
Jependant les employés de tout grade sont à la nomination du préfet de la Seine sur une liste triple de
andidats présentée par le directeur. Le directeur n'a
e pouvoir de nomination que pour les surveillants et
es gens de service. Les révocations sont prononcées
par l'autorité à laquelle est attribuée la nomination.

Le décret de 1852 institue à côté du directeur un
conseil de surveillance composé : du préfet de la Seine,
président, du préfet de police, de trois membres du
conseil municipal, de trois membres pris soit dans le
Conseil de surveillance de l'Assistance publique, soit
parmi les administrateurs des Bureaux de bienfaisance ;
enfin de trois citoyens domiciliés à Paris. Tous les
membres du conseil de surveillance, à l'exception du
préfet de la Seine et du préfet de police qui sont
embres de droit, sont choisis par le ministre de
l'Intérieur sur des listes triples présentées par le
préfet de la Seine.

Les membres de ce conseil sont renouvelés par tiers
tous les deux ans. Les membres sortants sont rééli-

---

(1) Il résulte d'un arrêt de la Cour de Cassation du 18 décembre 1886
que les monts-de-piété peuvent plaider sans l'autorisation du conseil
de Préfecture.

gibles. Le conseil est présidé par le préfet de la Seine, et, à son défaut, par un vice-président choisi par le conseil dans son sein et élu tous les ans (1). Sa voix, en cas de partage, est prépondérante. Le préfet convoque le conseil au moins une fois chaque mois ou plus souvent, s'il y a lieu.

Le rôle de ce conseil est purement consultatif, il est appelé à donner son avis sur les budgets et les comptes, les projets de travaux neufs, de grosses réparations ou de démolition; sur l'acceptation ou la répudiation des dons et legs faits au Mont-de-Piété; sur les actions judiciaires et les transactions; sur la fixation du taux de l'intérêt des prêts et des emprunts; sur les règlements de service; sur les cahiers des charges des adjudications de travaux et de fournitures, et en général sur tous les actes de propriété et de gestion qui intéressent l'établissement.

Le directeur assiste aux séances du conseil de surveillance pour lui fournir tous renseignements qui peuvent lui être utiles.

Telle est l'économie du décret du 24 mars 1852 qui diffère en quelques points des règles posées par la loi du 24 juin 1851 régissant les autres monts-de-piété de France. Les membres du conseil d'administration de ces derniers sont en effet nommés par le

---

(1) C'est un inspecteur du Mont-de-Piété qui remplit les fonctions de secrétaire.

préfet du département et renouvelables par tiers par année.

Le budget du Mont-de-Piété est dressé dans la forme prescrite par le règlement du 30 juin 1865 spécial à la comptabilité des monts-de-piété et conformément aux prescriptions de l'instruction générale du 20 juin 1859, relative à la comptabilité publique (1). Il se divise, à la recette comme à la dépense en deux sections distinctes.

La première section comprend les opérations purement financières, la seconde comprend les opérations effectives, c'est-à-dire constituant un produit ou une charge pour l'établissement.

Il est soumis au conseil municipal pour avis (2) et réglé par le chef de l'État.

Personnel (3). — Le directeur est assisté d'un secrétaire général pouvant être choisi en dehors du personnel de l'établissement et dont le traitement est de 9.000 à 11.000 francs suivant la classe.

Le personnel de l'administration centrale se compose de chefs de service dont le traitement varie de 7.000 à 11.000 francs; de sous-chefs de bureau,

(1) Il s'ensuit que le caissier central est justiciable de la Cour des comptes et que ses biens sont, comme ceux des autres comptables d'établissements publics, grevés d'hypothèque légale.

(2) Art. 21, § 6 de la loi du 18 juillet 1837.

(3) Arrêté du préfet de la Seine portant règlement du Mont-de-Piété de Paris, 30 août 1911.

au traitement de 5.000 à 6.000 francs; de commis principaux, au traitement de 4.000 à 4.800 francs; de commis-comptables au traitement de 4.000 à 4,800 francs; de commis expéditionnaires, au traitement de 2.400 à 3.900 francs; de sous-agents aux écritures au traitement de 1.800 à 2.100 francs. Tout ce personnel est recruté à l'aide de concours,

Voilà pour les bureaux.

De nombreux agents sont affectés aux magasins, c'est le cadre des manutentionnaires, comprenant 16 magasiniers principaux (3.200 à 3.900 francs), 130 commis aux magasins (2.000 à 3.000 francs); 27 sous-agents à la manutention (1.800 et 1.900 francs); des chefs ouvriers (2.800 à 3.400 francs); des ouvriers, (1.800 à 2.600 francs); des hommes de service (1.800 à 2.400 francs.)

Le caissier est désigné sous le titre de « caissier central » et a rang de chef de service. Le chef de la comptabilité est désigné sous le titre de « chef de la comptabilité chargé du contrôle ». Le chef du dépôt des ventes est désigné sous celui de « chef du dépôt des ventes, liquidateur du boni ».

Les employés du Mont-de-Piété ont droit à une pension de retraite. La caisse de retraite du Mont-de-Piété est réglementée par un décret.

CHAPITRE III

FONCTIONNEMENT

Prêts sur gages corporels. — Engagements. — Prisée. —
Renouvellement. — Vente. — Les bonis.
Prêts sur valeurs mobilières. — Service distinct.
Les emprunts du Mont-de-Piété.

Prêts sur gages corporels.

Le Mont-de-Piété se compose d'un chef-lieu établi
rue des Blancs-Manteaux, de trois succursales avec
magasins particuliers (1) et de nombreux bureaux
auxiliaires sans magasins, de telle sorte que les prêts
se font sans le concours d'intermédiaires. Il n'en a
pas toujours été ainsi.

Des commissionnaires jouaient autrefois un rôle
important. Répartis dans les divers quartiers de la
ville, ils étaient chargés de recevoir les engagements
et d'opérer les dégagements ou renouvellements.
Ces commissionnaires étaient agréés par l'administration, soumis à sa surveillance et à l'obligation de

(1) Première succursale, rue de Rennes, 112. Deuxième succursale,
rue Servan, 28. Troisième succursale, rue Capron, 31.

déposer un cautionnement. Ils recevaient sur les opérations effectuées par eux une rémunération de 2 % qui venait majorer sensiblement le taux de l'intérêt exigé des engagistes. Ces intermédiaires apparurent bientôt comme un rouage superflu et coûteux. Leur nombre fut diminué au fur et à mesure de la création de bureaux auxiliaires et ils furent supprimés par arrêté préfectoral du 4 avril 1887.

Toutes les opérations sont assurées aujourd'hui par des agents du Mont-de-Piété, à l'exception, comme nous le verrons, de celle qui concerne l'estimation des objets engagés.

Les prêts sont soumis à certaines conditions générales. On exige, afin que le Mont-de-Piété ne puisse se faire le recéleur d'objets volés, une garantie morale du déposant. Le règlement du 8 thermidor an XIII décide à cet effet que nul n'est admis à déposer des nantissements s'il n'est connu et domicilié ou assisté d'un répondant connu et domicilié (1). De plus, tout

(1) La Cour de Cassation (Chambre des requêtes) dans un arrêt du 13 juillet 1897, a eu à interpréter ces dispositions du règlement. Un individu avait engagé dans trois bureaux différents du Mont-de-Piété des obligations au porteur du Crédit foncier, une dans chacun d'eux. Ces titres, qui étaient des titres volés, avaient été reçus en gage sur la seule présentation d'enveloppes de lettres adressées à l'emprunteur, d'un certificat de résidence comme étranger et d'un certificat de bonnes vie et mœurs délivré par l'autorité administrative d'Interlaken. La Chambre des requêtes a estimé qu'ainsi les prescriptions du règlement n'avaient pas été observées et que le Mont-de-Piété, en

déposant est tenu de signer l'acte de dépôt de l'objet apporté en gage. Si le déposant est illettré, l'acte de dépôt doit être signé par son répondant. Cependant ne sont pas astreints à la formalité de la signature les actes des dépôts estimés au-dessous de 24 francs.

S'il y a doute sur la légitime possession des effets que le déposant apporte en nantissement, le prêt est provisoirement suspendu. Les objets suspects sont retenus en magasin et il en est rendu compte au Préfet de police.

Les effets mobiliers jugés admissibles sont estimés par des commissaires-priseurs attachés à l'établissement sous le titre d'appréciateurs et nommés par le Préfet de la Seine. La compagnie des commissaires-priseurs est garante envers l'administrations des suites de leurs estimations. En conséquence, lorsqu'à défaut de dégagement il est procédé à la vente d'un nantissement, si le produit de la vente est insuffisant pour rembourser au Mont-de-Piété la somme qu'il a avancée sur la foi de l'estimation faite par les appréciateurs, la compagnie est tenue de compléter la différence. Il est alloué aux commissaires-priseurs un droit de prisée. Ce droit est réglé par le conseil d'adminis-

recevant dans ces circonstances ces titres volés, avait engagé sa responsabilité vis-à-vis du propriétaire de ces titres et que c'est à bon droit que cette administration avait été condamnée à les re tituer. (Dalloz, 1897, 1re partie, p. 592).

tration et ne peut dépasser un demi pour cent du principal du prêt.

Le taux du prêt est fixé tous les six mois, après avis du Préfet de la Seine, par le conseil d'administration. Ce taux comprend l'intérêt des sommes prêtées, les frais d'appréciation et de dépôt et autres frais de régie. Il est actuellement de 7 % plus un droit fixe de 1 %, soit 8 %.

Le montant des sommes prêtées n'est jamais égal à la valeur d'estimation de l'objet mis en gage. Le quantum du prêt est déterminé suivant la nature des objets. S'agit-il de vaisselle ou de bijoux d'or et d'argent, il est fixé aux quatre cinquièmes de leur valeur au poids; pour tous autres objets, le montant du prêt ne peut dépasser les deux tiers de leur estimation. Il est délivré à l'emprunteur, en même temps que la somme qui lui est attribuée, une reconnaissance du dépôt de l'effet engagé. Cette reconnaissance est un titre au porteur : elle ne contient que la désignation du nantissement, la date et le montant du prêt.

Le prêt est consenti pour *un an* avec faculté pour l'emprunteur de se libérer quand il l'entend. Si, à l'expiration d'une année, l'emprunteur n'est pas en mesure de se libérer, le moyen lui est offert d'éviter la perte de son nantissement : il peut en empêcher la vente en renouvelant son engagement. Ce renouvellement se fait sous condition de payer les intérêts et droits dus au Mont-de-Piété et, en même temps, s'il y a lieu à nouvelle estimation, la différence entre le prix de la première estimation et celui de la nouvelle. Cette dernière appréciation n'a lieu que pour les gages d'une valeur élevée et les objets susceptibles de détérioration.

Les effets non dégagés à l'expiration du terme ou dont l'engagement n'a pas été renouvelé sont vendus pour le compte de l'administration jusqu'à concurrence de la somme qui lui est due. Les excédents du produit de la vente ou *bonis* sont conservés à l'emprunteur qui a trois ans, à compter de la date du prêt, pour les réclamer sur la remise de sa reconnaissance. Les bonis non réclamés à l'expiration du délai sont prescrits et acquis au Mont-de-Piété qui est tenu d'en verser le montant dans la caisse de l'administration générale de l'Assistance publique. Cette obligation est particulière au Mont-de-Piété de Paris, Partout ailleurs, les bonis prescrits sont conservés pour accroître la dotation des établissements (1).

Les ventes au Mont-de-Piété se font par le ministère des commissaires-priseurs, assistés de crieurs choisis et payés par eux. Il leur est alloué, pour vacation, un droit calculé sur le montant du produit de la vente. Ce droit fixé par le conseil d'administrarion est aujourd'hui de 5 %. dont 2 % au profit de l'établissement. Il est à la charge des acheteurs.

(1) Art. 3 et 4 de la loi du 24 juin 1851 sur les monts-de-piété, non applicable à Paris.

Prêts sur valeurs mobilières

Une loi du 25 juillet 1891 a autorisé le Mont-de-Piété de Paris à faire des avances sur valeurs mobilières libérées au porteur. Ces avances sont limitées à 500 fr. au maximum par opération et par emprunteur. Elles sont calculées, d'après la cote officielle de la Bourse, en prenant pour base le cours des négociations au comptant de la veille. Le montant en est fixé de la façon suivante : 80 % sur la rente française, bons et obligations du Trésor; 75 % sur toutes valeurs portant intérêt au moins chaque année et désignées dans un état annuel soumis par le directeur du Mont-de-Piété à l'appréciation préfectorale, après avis du conseil de surveillance. Le taux des avances sur actions de jouissance n'est que de 60 %. L'article 4 de la loi stipule qu'en cas de baisse d'au moins 15 % l'emprunteur pourra être mis en demeure d'avoir à rapporter une partie de l'avance qui lui aura été consentie (1).

La durée du prêt et l'intérêt des avances sont fixés par arrêté du directeur approuvé par le Préfet de la Seine après avis du conseil de surveillance. Actuellement les prêts sont consentis pour une année et peu-

(1) Le Mont-de-Piété a dû, à plusieurs reprises, notamment au moment de la baisse des obligations du Sud de la France et des obligations russes, appliquer l'article 4.

Il n'en est pas résulté la moindre perturbation dans le service des titres, qui n'a eu à exécuter aucun de ses débiteurs.

ent être renouvelés à l'échéance. Le taux des avances a été fixé à 6 %, plus un droit fixe de 0,25 %.

Si le remboursement des avances n'a pas eu lieu dans les délais fixés, ou si l'opération n'a pas été renouvelée, le Mont-de-Piété peut faire vendre à la Bourse, sans mise en demeure ni formalité, les valeurs en dépôt. Le produit net de la vente sert à rembourser le montant de l'avance en capital, intérêts et frais. L'excédent du produit de la vente est tenu à la disposition de l'emprunteur pendant dix années à partir du jour de la vente. Passé ce délai, il est inscrit au bénéfice du Mont-de-Piété qui n'a pas à en verser le montant à l'Assistance publique. D'ailleurs le service de prêts sur titres est complètement distinct du service des prêts sur objets mobiliers (1). Une comptabilité spéciale est organisée de façon que ces deux catégories d'opérations ne se confondent en aucune manière.

Les emprunts du Mont-de-Piété

Le Mont-de-Piété n'a pas de ressources propres. Il n'est pas admis à faire état, pour se constituer un capital, ni du montant des bonis, ni de ses excé-

---

(1) Le bénéfice de la loi de 1891 peut être étendu à d'autres monts-de-piété que celui de Paris, par décrets rendus dans la forme des règlements d'administration publique (art. 11).

dents de recettes (1). Ces deux sources de bénéfices sont, aux termes du règlement, destinées à la caisse de l'Assistance publique. Il est donc obligé de se procurer par l'emprunt les fonds qu'il prête.

Les emprunts sont réalisés au jour le jour par des dépôts volontaires de sommes à partir de 100 francs. Les billets qu'il émet, à ordre ou au porteur, sont aux échéances de 3 mois, 6 mois, 9 mois, un an ou 2 ans et productifs d'un intérêt fixé tous les ans, sur la proposition du directeur, par arrêté du Préfet de la Seine, après avis du conseil de surveillance. Le taux varie suivant que les billets sont à plus ou moins longue échéance. L'intérêt servi actuellement à ses prêteurs est de 3 1/2 % pour les bons de un jusqu'à deux ans ; 3 % pour les bons à un an ; 2 % pour neuf mois ; 1 1/2 pour six mois ; 1 % pour trois mois.

Ces emprunts sont faits sous hypothèque générale des biens dépendant de la dotation des hospices de Paris. Les bâtiments du Mont-de-Piété et les capitaux en caisse provenant d'aliénation d'immeubles servent d'hypothèque ou de garantie spéciale, tant pour les prêteurs que pour les propriétaires de nantissements (art. 45 du règlement du 8 thermidor, an XIII).

Notons que la Comédie-Française est tenue, aux

____

(1) Bonis et excédents de recettes provenant des prêts sur gages mobiliers.

ermes du décret de Moscou, de verser en dépôt
ous ses fonds disponibles dans la caisse du Mont-
e-Piété qui lui sert un intérêt.

Le Mont-de-Piété de Paris fait appel au crédit
nnuellement pour une somme de 40 à 50 millions.
e prix de revient de ses emprunts est de 3 % environ.

CHAPITRE IV

LE MONT-DE-PIÉTÉ ET L'ASSISTANCE PUBLIQUE

Les excédents de recettes. — Les bonis prescrits. — Les immeubles. — Le différend. — L'arbitrage du Conseil municipal.

Tous les ans le budget du Mont-de-Piété se solde par un excédent de recettes plus ou moins important. D'autre part les *bonis* prescrits lui sont acquis. Mais aux termes du décret de l'an XIII, nous le savons, il n'a la disposition d'aucun de ces profits.

Jusqu'en 1874, ils furent intégralement versés dans la caisse de l'Assistance publique. A cette époque, des travaux et des acquisitions d'immeubles ayant été jugées nécessaires pour l'agrandissement du Mont-de-Piété, le directeur de cet établissement estima qu'il convenait d'affecter à cet usage, ainsi qu'aux améliorations indispensables au bon fonctionnement de son administration, les bénéfices d'exploitation et les bonis prescrits.

L'Assistance publique protesta, invoquant les

décrets et règlements. Le différend dura plusieurs années. Il fut même question d'opérer la séparation des intérêts des deux administrations sœurs, en vue de la constitution d'un nouveau Mont-de-Piété sur les bases établies par la loi du 24 juin 1851. Une commission composée de hauts fonctionnaires du ministère de l'Intérieur élabora à cet effet, en 1879, un projet de décret auquel il ne fut pas donné suite.

Quoiqu'il en soit, le différend persistant, le Conseil municipal fut invité en novembre 1885, à remplir le rôle d'arbitre. (1) Au cours d'une discussion qui dura plusieurs jours, il envisagea la question sous ses différentes faces. Plusieurs conseillers municipaux, le directeur du Mont-de-Piété, le directeur de l'Assistance publique, le préfet de la Seine, firent connaître leur avis.

En ce qui concerne les bonis, il n'y eut pas de difficulté : Le texte est formel : Lorsque l'emprunteur,

(1) Légalement, le Conseil municipal est appelé seulement à donner son avis sur le budget du Mont-de-Piété. Il va de soi que dans le rôle d'arbitre qu'il a été appelé à jouer, ses attributions purement consultatives n'ont pu par là même être étendues. Seule la juridiction compétente aurait eu qualité, à défaut d'arrangement amiable, pour trancher le différend qui s'est élevé entre les deux administrations. Mais on conçoit aisément que le Conseil municipal qui, tous les ans, est appelé à équilibrer le budget de l'Assistance publique, à l'aide d'une subvention complémentaire qui s'élève à 26 millions environ, était tout à fait qualifié pour donner son opinion sur la question du versement des excédents de recettes du Mont-de-Piété à la caisse de l'Assistance publique.

après la vente de son gage, a laissé passer trois ans sans réclamer le solde net qui lui revient, cette somme est acquise par l'effet de la prescription au Mont-de-Piété, qui doit, aux termes de l'article 98 du règlement de l'an XIII, la verser intégralement dans la Caisse de l'Assistance publique.

Quant aux bénéfices d'exploitation ou excédents de recettes, le Conseil municipal s'est borné à interpréter les termes des lettres patentes de 1777 (art. 16) : « lorsqu'il se trouve des fonds en caisse au delà de « ceux nécessaires pour la régie et les *charges* de « l'établissement, ils seront appliqués au profit de « l'Hôpital général... ». Que signifie le mot *charges* ? C'est là le point intéressant. M. Hervieux(1), conseiller municipal, dans son rapport, déclara que dans l'esprit de l'institution primitive, les dépenses extraordinaires correspondant aux frais d'établissement étaient considérées comme des charges à imputer par préférence sur les excédents de recettes disponibles avant toute contribution au service hospitalier. Telle fut également ment l'opinion de M. Poubelle, préfet de la Seine, qui disait : « Je déclare qu'à mon sens il est incontestable « que les bénéfices du Mont-de-Piété, ceux-là seule- « ment sont attribuab... à l'Assistance publique, qui « restent en caisse après prélèvemnet de toutes « dépenses d'administration usuelle et de toutes celles

(1) *Bulletin municipal officiel* novembre 1885, p. 2155.

que commande le développement normal du Mont-de-Piété. »

La contestation porta également sur la propriété de certains immeubles. L'Assistance publique déclarait en être propriétaire pour les avoir acquis de ses deniers et pour en posséder les titres de propriété. Le Mont-de-Piété répondait que si l'Assistance publique a payé de ses deniers, ce n'est qu'une simple avance qui lui a été remboursée par le versement dans ses caisses à titre de bénéfices, de sommes dont le montant est supérieur à la valeur des immeubles en litige. Tel fut aussi l'avis du Préfet de la Seine qui déclarait, après avoir déterminé la signification du mot *charges* :

J'ajoute — et c'est là une autre conséquence très importante de cette même interprétation — qu'il est non moins indiscutable que tous les immeubles construits par le Mont-de-Piété pour le développement de ses opérations avec l'argent provenant de ses bénéfices, sont bien et dûment sa propriété, puisqu'il les a payés sur ses fonds qui n'étaient pas encore ceux de l'Assistance publique. »

Le Conseil municipal émit l'avis suivant :

« *Article premier.* — Le Mont-de-Piété est une personne morale distincte de l'Assistance publique.

« *Art.* 2. — Étant obligé de verser à l'Assistance publique tous ses bonis sans prélèvement quelconque et tous ses excédents de recettes sous déduction de ses charges, il y a lieu de comprendre dans les

« charges, les acquisitions, constructions et restaura-
« tions d'immeubles. »

De même, le Conseil municipal déclarait que certains
immeubles en litige étaient la propriété du Mont-
de-Piété.

Depuis cette époque, cet établissement s'est affran-
chi en fait, avec l'assentiment de l'autorité supé-
rieure, des liens qui l'attachent à l'administration
hospitalière. Aussi bien, il ne verse plus dans sa
caisse les bénéfices qu'il peut réaliser. Il les emploie à ses propres besoins; mais il continue à res-
pecter l'obligation que lui impose le règlement de
l'an XIII de se dessaisir au profit de l'Assistance
publique du montant des bonis prescrits.

CHAPITRE V

CRITIQUES ET RÉFORMES

Les critiques se rapportent à trois catégories de faits : 1º aux formalités jugées excessives pour les engagements d'objets de peu de valeur; 2º au trafic des reconnaissances et à la vente des gages; 3º au taux des prêts.

I. — *Les formalités du règlement.* — Le règlement du Mont-de-Piété de Paris (1), nous l'avons vu, exige

(1) Art. 47 et 48.

dans le but de prévenir le recel d'objets volés, des garanties assez sévères de la part de l'engagiste : celui-ci doit être connu et domicilié ou assisté d'un répondant, connu et domicilié et est tenu de signer l'acte de dépôt de l'objet qu'il apporte en nantissement.

Actuellement, pour les prêts de 3 à 15 francs l'administration se contente, comme preuve du domicile et de l'identité du déposant, soit d'une enveloppe de lettre timbrée par la poste, soit d'une quittance de loyer, etc., pourvu que les pièces n'aient pas plus de trois mois de date.

S'agit-il d'un prêt supérieur à 15 francs, le règlement est appliqué dans toute sa rigueur. D'où de grosses difficultés parfois pour l'emprunteur, des dérangements et toujours des retards préjudiciables. On s'est demandé si ces formalités n'étaient pas excessives.

Quel est, à notre époque, le petit ouvrier, le modeste commerçant, le domestique, voire la femme seule vivant du produit de son travail, qui ne possède un bijou pouvant donner lieu à un prêt supérieur au minimum fixé par le Mont-de-Piété? Si ces personnes ne possèdent pas les pièces exigées, elles seront dans l'obligation d'avoir recours à une tierce personne, à titre de répondant, et de faire connaître la situation momentanément difficile dans laquelle elles se trouvent. Plutôt que d'aller au Mont-de-Piété elles préféreront s'adresser au brocanteur, qui, sous forme de vente à réméré, leur donnera la somme dont elles ont besoin. C'est ce qui arrive à leur grand détriment.

Ces obligations du règlement de l'an XIII sont assurément surannées. Dans les pays voisins, en Belgique, en Angleterre, en Allemagne, les opérations d'engagement sont reçues dans les monts-de-piété sans que la clientèle ait à produire des justifications d'identité et de domicile aussi compliquées (1).

Sans faire à cet égard une trop profonde réforme — ce qui ne laisserait pas que de présenter des dangers — ne pourrait-on décider que, pour tout prêt inférieur à 100 francs, il ne sera exigé qu'un certificat de domicile dûment établi — pièce qu'il est toujours facile de se procurer. Ce serait ainsi mettre le règlement en harmonie avec les nécessités de notre époque.

II. — *Trafic de reconnaissances.* — Des abus qui ont un autre caractère de gravité ont été signalés de longue date. Ce sont ceux résultant du trafic des reconnaissances.

Que se passe-t-il ?

Nous avons vu que l'estimation des objets est faite par des commissaires-priseurs et que leur compagnie est garante des suites de leurs appréciations. Or, pour

---

(1) M. Petitjean conseiller municipal dans son rapport de 1911 sur le budget du Mont-de-Piété, n° 126, p. 3.

éviter la responsabilité pécuniaire dont ils sont mena-
cés, ils s'en tiennent à des estimations très basses (1).
D'autre part, le Mont-de-Piété ne prêtant, suivant
la nature des gages que les 2/3 ou les 4/5 du prix
déterminé par l'estimation, il en résulte un écart
sensible entre la valeur réelle de l'objet mis en gage
et le montant du prêt consenti (2).

Cette pratique favorise grandement le trafic des
reconnaissances.

La reconnaissance est un titre au porteur. L'objet
en nantissement peut donc être rendu à tout individu
quel qu'il soit sur présentation de ce titre. Or,
des brocanteurs avides de bénéfices se trouvent
à tous coins de rue, qui achètent ces titres en majorant
de 15 à 20 % l'avance qui y est inscrite. Le vendeur
sans doute peut racheter sa reconnaissance, mais en
acquittant entre les mains du brocanteur un intérêt
qui varie de 3 à 7 % par mois, soit de 36 à 84 % pour
un an. Il arrive le plus souvent que l'emprunteur aban-

(1) L'examen de la vente prouve que 84.554 articles, ayant donné
lieu en 1909 à un prêt total de 1.371.139 francs, ont produit, à l'adjudication, la somme de 2.120.525 francs; que sur le montant des bonis
payés qui se chiffrent à 511.137 francs, 192.972 francs ont été versés
aux marchands de reconnaissances.

(2) L'estimation faite par les commissaires-priseurs est inférieure à
celle des établissements étrangers, du Mont-de-Piété de Londres particulièrement qui fait, pour les nantissements de grande valeur, une
concurrence sérieuse au Mont-de-Piété de Paris.

donne au marchand de reconnaissances le t're dont il s'était défait dans un moment de gêne (1).

La direction du Mont-de-Piété, en 1905, avait soumis un mémoire au Conseil d'État pour lui demander par quels moyens il serait possible de mettre fin à ce scandale. La Haute Assemblée déclara (2) qu'en

(1) Le commerce des reconnaissances est un commerce des plus prospères, disait M. Henry Rousselle dans son rapport de 1907 au Conseil municipal, et malheureusement ce sont les besogneux qui en fournissent les éléments. Les pauvres gens sont littéralement opprimés par ces marchands qui les guettent à la sortie des bureaux du Mont-de-Piété, et sous forme de ventes fictives, réussissent à les déposséder de leurs reconnaissances, et, partant, des objets mis en gage.

(2) Le Conseil d'État a émis l'avis suivant :

« Considérant que, dans l'état actuel de la législation, l'exercice du
« monopole du prêt sur gages, établi par la loi du 16 pluviôse an XII,
« n'est sanctionné que par l'article 411 du Code pénal, qui punit le
« délit de tenue de maison de prêt sur gages; qu'aucune disposition
« pénale n'interdit l'achat et la vente des reconnaissances du Mont-
« de-Piété; que si plusieurs arrêts ont reconnu en fait que, sous le
« nom d'achat à réméré, divers brocanteurs faisaient en réalité des
« prêts sur nantissements de reconnaissances du Mont-de-Piété et
« tombaient par suite sous l'application de l'article 411 du Code pénal,
« les proportions considérables qu'a prises à Paris le trafic des recon-
« naissances démontrent la difficulté d'atteindre les brocanteurs qui,
« sous une apparence mensongère, uniquement destinée à leur assurer
« l'impunité, ne font, en réalité, que des prêts sur gages; que cette
« impunité relative a favorisé l'extension de ce trafic, qui procure des
« bénéfices élevés aux maisons d'achat de reconnaissances; que pour
« mettre un terme à cette exploitation des classes nécessiteuses, il
« importe d'interdire d'une manière absolue l'achat des reconnais-
« sances en modifiant l'article 411 du Code pénal et en l'étendant à
« ceux qui achètent habituellement des reconnaissances. »

l'état actuel de la législation, aucun texte ne permettait d'y remédier, mais qu'il serait souhaitable, en modifiant l'article 411 du Code pénal qu'on en étendît les dispositions à ceux qui achètent habituellement les reconnaissances. Jusqu'à ce jour rien n'a été fait qui pût préserver les classes nécessiteuses de l'exploitation dont elles sont l'objet. (1)

Il est juste de noter que des efforts méritoires ont été tentés par l'administration du Mont-de-Piété pour que les commissaires-priseurs se montrent plus larges dans leurs estimations, sans compromettre pourtant les finances du Mont-de-Piété et sans prendre eux-mêmes de trop lourdes responsabilités.

On a critiqué également les conditions dans lesquelles la vente des gages a lieu (2).

« Cette adjudication à la vapeur dans une salle

Le 1er congrès des Monts-de-Piété qui s'est réuni en 1907 à Marseille, où 17 établissements étaient représentés, a examiné, au cours de ses travaux, cette question du trafic des reconnaissances, et à l'unanimité, a émis le vœu qu'une solution prochaine soit donnée sur ce point et que l'article 411 du Code pénal soit complété par un paragraphe concernant tout particulièrement le commerce *habituel* des reconnaissances.

(1) Dans une proposition de loi, M. Paul Strauss espérait apporter une atténuation aux pratiques signalées, en permettant (art. 3, § 2) de porter le quantum du prêt aux 9/10 de l'estimation, si l'emprunteur le demande et s'il consent à recevoir de son dépôt un récépissé inaliénable (Voir p. 46, en note).

(2) Article de M. Georges Renard, professeur au Collège de France, dans *Paris-Capitale*, n° du 26 décembre 1908.

« encombrée, bruyante, tumultueuse où les brocan-
« canteurs qui forment une sorte de bande noire,
« empêchent le public d'approcher, s'entendent pour
« ne point pousser les enchères et pour se partager
« les objets à vil prix, quitte à opérer ensuite dans un
« cabaret voisin une revente, attentive et sérieuse
« cette fois ! Pour éviter le frelatage, qui lèse à la fois
« le Mont-de-Piété, les engagistes et les acheteurs
« étrangers au mystérieux syndicat des habitués, on
« a proposé que les adjudications ne pûssent être
« prononcées qu'avec l'assentiment d'un représentant
« de l'administration (1). Cette garantie ne serait
« peut-être pas encore suffisante. En Italie, les objets
« à vendre sont exposés durant plusieurs jours et
« n'importe qui peut faire secrètement ses offres avant
« l'adjudication ; les prix sont ainsi plus élevés et tout
« le monde y trouve son avantage, excepté les para-
« sites de la misère. »

Qui manque d'argent est désarmé. Le besoin
oblige à passer sous le joug de l'exploiteur. Toutes les
mesures dont je viens de parler seraient sans doute
efficaces. Le commerce des trafiquants de reconnaissances étant un commerce parasitaire, néfaste, pour-
quoi hésiter à y mettre un terme?

III. — *Réduction du taux des prêts*. — Placer les

(1) Voir plus loin la proposition de loi de M. Paul Strauss, page 46,
en note.

nécessiteux à l'abri des griffes de l'usure profession-
nelle serait une bonne action. Ce n'est qu'une face de
la question.

L'autre, c'est de porter un coup décisif à l'usure
officielle. Le taux de 8 % du Mont-de-Piété de Paris,
qui d'ailleurs ne détient pas le record, — à l'heure
actuelle des établissements de province prêtent à plus
de 9 %, — est une gageure, en vérité, quand on
songe que la loi fait un délit du prêt conventionnel
consenti à plus de 5 %.

Cette situation qui est scandaleuse a été dénoncée.
Les pouvoirs publics, le Conseil municipal, le conseil de
surveillance et la direction du Mont-de-Piété, également le congrès des Monts-de-Piété de France, ont
cherché, élaboré des solutions tendant à obtenir l'abaissement du taux des prêts.

Le taux de 8 % comprend deux éléments : les frais
généraux de l'établissement qui se décomposent en
frais d'assurances, de manutention, de personnel et
de prisée, d'autre part, le loyer des capitaux emprun-
tés.

Ce n'est pas pour s'enrichir que le Mont-de-Piété
de Paris fait des prêts à un taux usuraire, mais par
suite des défectuosités de sa constitution. Il fait ses
opérations à un taux qui, en définitive, ne dépasse
que très légèrement le prix de revient.

Il s'agit donc de chercher à abaisser ce prix de revient. Pour y parvenir, les efforts se sont produits

dans une double direction : 1º diminution des frais généraux; 2º abaissement du loyer des capitaux d'emprunt.

§ 1. — *Frais généraux*. — C'est surtout au conseil de surveillance et à la direction du Mont-de-Piété qu'il appartient d'imposer la plus stricte économie dans la gestion des services. Cependant, on s'est demandé si le ministère des commissaires-priseurs attachés au Mont-de-Piété à titre d'appréciateurs était indispensable. Il est coûteux. Le droit de prisée s'exerce par deux fois à leur profit, lors de l'engagement d'abord, et, s'il s'agit d'objets pouvant se détériorer en magasin, lors du renouvellement (1).

M. Paul Strauss a pensé qu'il était possible de faire des économies de personnel. Il a déposé, il y a quelques années déjà, sur le bureau du Sénat, une proposition de loi ayant pour but, notamment : la suppression de la prisée, son remplacement par une appréciation faite par des employés à traitement fixe et soumis à certaines conditions de cautionnement et de compétence (2).

---

(1) Le Mont-de-Piété emploie 14 commissaires-priseurs. Au compte de l'exercice 1910 la rémunération de chacun d'eux ressortait à 15.540 exactement. Elle varie de 15.000 à 15.600 suivant les années.

(2) Les 14 commissaires-priseurs coûtent actuellement 15.540 × 14 = 217.560. 14 employés au traitement moyen de 7.000 francs coûteraient 98.000 francs, d'où une économie annuelle de 217.650—98.000 =119.650. Mais les commissaires-priseurs sont des officiers ministé-

Mais on objecte que les hauts salaires touchés par les commissaires-priseurs se justifient par la responsabilité qu'ils encourent. Leur compagnie est en effet garante de la différence si les objets vendus n'atteignent pas les chiffres d'estimation. Pour les petits prêts il arrive en effet que les appréciateurs sont en déficit, mais les gros prêts font compensation, et, en définitive, les appréciateurs, sur l'ensemble, n'ont jamais été en perte à la fin de l'année (1).

rels. Ayant le droit de présentation de leurs successeurs, ils vendent leur charge qui, par cette réforme, serait dépréciée. D'où protestations, interventions, pressions. Et l'intérêt particulier de quatorze personnes éssaié de tenir en échec l'intérêt général.

(1) Voici le texte de la proposition de loi de M. Paul Strauss :

Article premier. — Le droit de prisée est supprimé.

Art. 2. — L'appréciation des objets présentés en nantissement au Mont-de-Piété de Paris sera faite par des employés nommés par le Préfet de la Seine et choisis sur une liste de trois candidats présentés par le directeur.

Art. 3. — Le montant des sommes à prêter sera réglé, quant aux nantissements d'or et d'argent, aux quatre cinquièmes de leur valeur au poids, et quant à tous autres objets, aux deux tiers du prix de leur estimation.

Le quantum du prêt pourra être porté aux neuf dixièmes de l'estimation, si l'emprunteur le demande et s'il consent à recevoir de son dépôt un récépissé inaliénable.

Art. 4. — Le nombre des appréciateurs, le chiffre de leur traitement, celui de leur cautionnement, les conditions de leur avancement seront réglés par un arrêté préfectoral.

Les crieurs des ventes seront agréés par le directeur, payés par les commissaires-priseurs.

§ II. — *Capitaux de roulement.* — La diminution des frais généraux n'est pas chose négligeable. Mais combien plus importante apparaît la question des capitaux dont peuvent disposer les Monts-de-Piété. « Le point essentiel serait de leur ouvrir une source « abondante de capitaux, dit M. Cauwès; ce serait « la condition première d'un crédit moins onéreux « pour eux et pour leur clientèle » (1). C'est l'évidence. Je vais plus loin : le point essentiel est de leur fournir gratuitement les capitaux dont ils ont besoin.

La loi qui a créé les Monts-de-Piété n'a rien prévu en ce qui concerne leur dotation. C'est cette lacune qui leur crée, comme je le disais au début, cette situation paradoxale d'établissements jouissant d'un monopole en vue de préserver de l'usure les classes nécessiteuses et qu'un vice de constitution met dans la

Art. 5. — Lorsque, à défaut de dégagement ou de renouvellement, il sera procédé à la vente de nantissements, les adjudications ne pourront être prononcées par le commissaire-priseur vendeur que du consentement du représentant de l'Administration.

Art. 6. — Les commissaires-priseurs vendeurs seront nommés par le Préfet de la Seine sur une liste de trois candidats, présentés par le directeur.

Art. 7. — Sont abrogés, en ce qu'ils ont de contraire à la présente loi, les articles 30, 31, 32, 34, 35, 51, 52, 53 du règlement annexé au décret du 8 thermidor an XIII.

Cette proposition s'est inspirée de celles à peu près identiques déposées en 1888 par MM. Floquet et Ferrouillat, en 1890 par MM. Constans et Fallières, en 1898 par MM. Renou, Vaillant et Walter.

(1) Cauwès, Cours d'économie politique, t. II, n° 670.

nécessité de la pratiquer honteusement. De persévérants efforts ont été tentés pour mettre fin à ce déplorable état de choses, jusqu'ici sans résultat.

I. —Pour mettre l'établissement de Paris en mesure de se constituer un capital propre, on a pensé que la première condition était de lui laisser la faculté d'accumuler ses bénéfices d'exploitation. C'est en vue de cette fin précisément qu'on avait eu l'idée, en 1879, de le rendre indépendant de l'administration générale de l'Assistance publique. Par là on lui eût donné la libre et entière disposition, en vue de leur capitalisation, de ses excédents de recettes et de ses bonis. Rien de plus logique. Avant de songer à faire profiter les pauvres (l'Assistance publique) des bénéfices réalisés par le Mont-de-Piété, ne convient-il pas de lui donner, au préalable, les moyens de placer sa clientèle de petites gens à l'abri d'un traitement indigne d'une institution de prêt charitable.

Ce principe de bon sens a été inscrit dans la loi du 9 juin 1851, qui n'exige le versement des excédents de recettes dans les caisses hospitalières qu'à partir du jour où la dotation de l'établissement suffit, d'une part, à couvrir les frais généraux et, de l'autre, à abaisser l'intérêt au taux légal de 5 %.

Mais cette loi, nous le savons, n'est pas applicable au Mont-de-Piété de Paris, et l'on a considéré que la rupture des liens l'attachant à l'Assistance publique entraînerait une liquidation d'intérêts tellement difficile, en raison de leur enchevêtrement, que ceux qui ont pu la souhaiter ont toujours hésité à l'opérer.

Et puis, combien d'années de capitalisation de bénéfices faudrait-il pour arriver à une dotation suffisante? Combien peu d'établissements soumis au régime de la loi de 1851 y sont parvenus? Est-il certain même qu'il s'en trouve? nous savons que 33 sur 45 prêtent à un taux dépassant 6 %.

Solution désirable en soi, mais dont les effets utiles ne se manifesteraient qu'après un long temps.

II. — Autre réforme préconisée. Le Mont-de-Piété, on le sait, a la libre disposition des excédents de recettes provenant des opérations sur valeurs mobilières. Mais ils sont à l'heure actuelle insuffisants pour la constitution rapide d'un capital propre important. D'où l'idée de lui donner le moyen d'accroître ses bénéfices, en l'autorisant à étendre le champ des prêts de cette catégorie. A cet effet, des vœux nombreux, depuis 1899, ont été émis par le Conseil municipal tendant à la modification des articles 1 à 3 de la loi du 25 juillet 1891, dans le but d'élever de 500 à 3.000 francs le maximum autorisé du prêt sur valeurs mobilières.

Jusqu'à ce jour, le ministère des Finances ne s'est pas montré favorable à cette solution, en alléguant qu'il serait dangereux de laisser le Mont-de-Piété « sortir de sa voie normale pour aborder des opéra- « tions de banque en vue desquelles il n'a pas été

« organisé et auxquelles ne se prête pas son mode
« de fonctionnement (1). »

On peut faire remarquer qu'il ne s'agit pas d'inno-
ver et que la loi de 1891 permet déjà ce genre d'opérations qui sont profitables. On s'est demandé si
cette fin de non recevoir n'était pas dictée par la
crainte de voir le Mont-de-Piété se dresser en concur-
rent des grands établissements de crédit ?

Le ministre des Finances, dans une lettre du 16 janvier 1906 au Préfet de la Seine, ne paraissait pas re-
douter cette éventualité : « La masse des prêts sur
« titres, réalisés quotidiennement sur l'ensemble du
« territoire, ou seulement à Paris, disait-il, est trop
« considérable pour qu'une extension, même impor-
« tante des opérations analogues du Mont-de-Piété,
« ait une sensible répercussion sur la répartition ac-
« tuelle de cette catégorie d'affaires entre les divers
« établissements de crédit, de banque et de change».
En outre il observait que, pour les prêts sur titres, le
taux appliqué par la plupart des grands établissements de crédit (3 1/2 % par an) défiait la concurrence du Mont-de-Piété qui prête sur titres à un taux
beaucoup plus élevé (6 % par an, plus un droit fixe
de 0,25 par cent francs prêtés).

Quoi qu'il en soit et malgré cela, à l'heure actuelle,

____

(1) Voir la lettre de M. Merlou, ministre des Finances, dans le rapport sur le fonctionnement du Mont-de-Piété présenté par M. Henri
Rousselle, conseiller municipal, n° 132 de 1907.

ses opérations sur titres (engagements et renouvellements) se traduisent par une somme de 8 millions
environ depuis plusieurs années. Si le maximum
était porté à 3.000 francs, le chiffre de ces opérations
augmenterait vraisemblablement dans une large
mesure. Les conditions qu'il impose à sa clientèle sont
assurément moins favorables que celles des grands
établissements de crédit. Mais elle se compose d'ouvriers, de commerçants, même de rentiers (1) qui préfè-
rent s'adresser aux caisses de cet établissement plutôt
qu'à celles de certaines maisons financières, qui souvent se livrent à des enquêtes sur le crédit de leurs
clients et auxquelles ceux-ci sont heureux de se soustraire.

Cette mesure sans doute, augmentant les ressources
propres du Mont-de-Piété, lui permettrait de réduire
dans une certaine proportion le taux de ses prêts sur
gages mobiliers. Mais on peut affirmer qu'elle serait
insuffisante pour réaliser la réforme essentielle qui
s'impose (2).

(1) Lettre du directeur du Mont-de-Piété à M. le Préfet de la Seine
insérée dans le rapport de M. Henri Rousselle, conseiller municipal,
n° 132 de 1907, p. 24.

(2) Voici comment s'exprimait dans son rapport de 1912, M. Petitjean, conseiller municipal : « Néanmoins cette réforme seule ne permettrait probablement pas, malgré les prévisions optimistes, d'obtenir un
résultat complet. En effet, actuellement le chiffre des opérations
mobilières s'élève à 8 millions de francs environ; en fixant à 5 ou 6
millions l'augmentation que la réforme proposée entraînerait, il en

III. — Toujours dans le même but de procurer des capitaux à bon marché à notre établissement de prêt sur gage, on a songé à lui affecter des capitaux des caisses d'épargne (1). « Y aurait-il rien de plus souhai-« table, dit M. Cauwès, qu'une sorte de mutualité « entre ceux qui épargnent et ceux qui ont besoin de « crédit, mutualité en vertu de laquelle ces derniers « emprunteraient à un taux peu sensiblement supé-« rieur au taux d'intérêt servi aux premiers ? » (2). Sans doute, mais cette avance des caisses d'épargne ne serait pas sans danger. M. Cauwès le reconnaît lui-même : « ...En temps de crise, les besoin de crédit « des monts-de-piété augmenteraient en même temps « que les demandes de remboursement afflueraient « aux caisses d'épargne ». Au surplus, et c'est la principale objection : Les caisses d'épargne servent un intérêt à leurs déposants qui se rapproche sensiblement du taux auquel le Mont-de-Piété fait ses emprunts. L'écart est si faible que l'avantage serait insignifiant.

IV. — Aussi bien a-t-on songé à s'adresser à la

résulterait, au taux de 6,25 % une recette supplémentaire de 260 mille francs. Mais il y aurait lieu de déduire de cette somme le montant de l'intérêt versé aux porteurs de bons qui auraient prêté le capital supplémentaire nécessaire pour assurer le service de ces nouvelles opérations, soit environ 150.000 francs. L'excédent de recettes atteindrait définitivement une somme de 110.000 francs environ.

(1) G. Hubbard, *De la création d'une Caisse d'Etat*, p. 42 et s.

(2) Cauwès, *op. cit.*, t. III, p. 563.

Banque de France. En 1897, au moment du renouvellement de son privilège, il fut question de lui imposer l'obligation de fournir à un taux très bas, les capitaux nécessaires à tous les monts-de-piété pour le service de leurs prêts sur nantissement.

M. Paul Strauss avait proposé au Sénat le texte suivant :

« La Banque de France sera tenue à partir de la pro
« mulgation de la présente loi (renouvellement du
« privilège d'émission) de fournir aux monts-de-piété
« qui en feront la demande au fur et à mesure de
« leurs besoins... les fonds nécessaires à leurs opéra
« tions de prêts.

« Ces fonds seront fournis moyennant une redevance
« qui ne pourra excéder le taux de 1/2 % l'an. Les
« avances seront réglées par des conventions passées
« entre le gouvernement de la Banque de France et les
« directeurs des monts-de-piété régulièrement auto
« risés ; les conventions seront exemptes des droits
« de timbre et d'enregistrement. »

Voilà une proposition dont les conséquences eussent été certainement fécondes et dont l'efficacité immédiate se fût traduite par des bienfaits inconnus jusqu'à ce jour.

La réponse de M. Cochery, ministre des Finances, fut la suivante :

« Le Sénat et le Gouvernement n'ont jamais refusé
« de venir en aide aux malheureux, mais la question

« est de savoir par quels moyens on doit le faire en
« réalité. C'est pour une question de principe que nous
« repoussons le projet de M. Strauss.

« Ce que demande, en effet, l'honorable sénateur,
« c'est de modifier absolument le rôle de la Banque.

« La Banque de France est une banque d'émission
« et d'escompte, elle n'est pas une banque de prêt
« direct, et on a systématiquement refusé à la Cham-
« bre et au Sénat d'introduire dans la loi en discussion
« rien qui pût modifier en quoi que ce soit ce rôle de
« la Banque de France, pour que la sécurité du billet
« soit intacte; pour que le crédit soit absolu, il faut
« que la circulation soit représentée par des valeurs
« immédiatement réalisables et c'est pour ce motif
« que l'escompte par la Banque est limité à trois mois,
« c'est pour cela qu'on exige trois signatures. Or, trans-
« former ce rôle de la Banque, même sur un point spé-
« cial, serait entrer dans un engrenage singulièrement
« dangereux.

« Après avoir demandé de faire prêter 80.000.000
« pour les monts-de-piété, on vous réclamerait la
« même faveur pour une foule d'autres institutions;
« on arriverait ainsi, en dénaturant le rôle de la Ban-
« que, à porter atteinte au crédit du billet; nous vous
« demandons de ne pas le faire. »

L'article additionnel n'a pas été adopté.

La tentative a échoué en ce qui concerne les
monts-de-piété. Mais en dépit des objections du

ministre, la loi de renouvellement du privilège a obligé la Banque à prêter à l'État *sans intérêts*, une somme de 100 millions sur lesquels 40 millions, en vertu de la même loi, ont été destinés au crédit agricole. Un doigt dans l'engrenage.

Ceci n'est pas tombé en oubli et les monts-de-piété, en vue du prochain renouvellement du privilège d'émission, reviendront à la charge. S'autorisant du précédent ils ont l'espoir, cette fois, d'obtenir de la Banque de France les fonds qui leur font défaut (1). La campagne est commencée.

En octobre dernier, le conseil d'administration du Mont-de-Piété de Bordeaux a pris une délibération ainsi conçue :

« *Article unique*. —Émet le vœu que, lors de la « discussion du renouvellement du privilège de la « Banque de France, cet établissement soit tenu d'aug- « menter son émission fiduciaire en faveur des monts-

(1) C'est du côté des Banques d'émission que les monts-de-piété tournent leurs regards. Quand le privilège de la Banque d'Algérie fut renouvelé en 1900, l'amendement suivant fut proposé : « La Banque « d'Algérie ouvre au Mont-de-Piété d'Alger un compte courant lui « permettant d'assurer un service de prêts sur nantissements... des « gages confiés au Mont-de-Piété par les emprunteurs sont donnés en « dépôt à la Banque en garantie de ses avances.

« La Banque jouit également de la garantie de la Ville accordée « aux emprunts contractés par le Mont-de-Piété jusqu'à concurrence « de 2 millions. L'intérêt à servir par le Mont-de-Piété d'Alger à la « Banque d'Algérie est fixé à 1 % l'an. »

Cet amendement ne fut pas adopté.

« de-piété, de manière à leur fournir les capitaux qui
« leur sont nécessaires pour leur permettre de dimi-
« nuer le taux d'intérêt des prêts et de venir ainsi en
« aide à leur clientèle qui est composée des humbles
« et des déshérités. »

En décembre 1911, sur la proposition de sa cinquiè-
me commission, le Conseil municipal de Paris qui n'a
cessé, en toute occasion de chercher à améliorer la
situation du Mont-de-Piété, à suivi l'exemple de Bordeaux. Il faut donc s'attendre à voir le Parlement
sollicité prochainement de mettre un deuxième doigt
dans l'engrenage.

On ne manquera pas d'objecter à ce moment, comme en 1897, qu'une banque d'émission a un rôle précis,
déterminé, et que ce n'est qu'au détriment de la solidi-
té de son crédit qu'elle peut en sortir, que la Banque
de France n'est pas faite pour constituer gratuitement, ou même avec intérêts, la dotation des monts-
de-piété. Ces objections sont assurément très fortes
et le précédent du crédit agricole n'en détruit pas la
valeur (1).

(1) Le Mont-de-Piété de Paris à différentes époques a sollicité de la
Banque de France la concession d'un fonds permanent destiné à
assurer le service de ses prêts. La Banque répondit que les statuts qui
la régissent prévoient limitativement les diverses natures de valeurs
sur lesquelles elle est autorisée à faire des avances et que les bons de
caisse du Mont-de-Piété qui lui sont offerts en garantie ne s'y trouvent
pas compris. D'ailleurs les bons de caisse remis par le Mont-de-Piété
n'auraient que la valeur d'une simple reconnaissance du prêt consenti.

Il convient de faire remarquer que même s'il était permis d'espérer une suite favorable, le résultat ne serait acquis que dans huit années. En effet, le privilège de la Banque de France a été renouvelé en 1897 pour une période qui se termine en 1920.

C'est une solution très séduisante, mais à échéance encore lointaine et dont le succès est tout à fait incertain.

V. — N'y a-t-il pas d'autres moyens plus sûrs et plus pratiques, de parvenir au résultat souhaité qui est de faire, je ne dis pas seulement du Mont-de-Piété de Paris, mais de tous les monts-de-piété de France et d'Algérie, ce qu'ils devraient être et ce qu'ils ne sont pas, des établissements de prêt sur gages à bon marché?

Comment leur constituer, sans intérêts, une dotation leur permettant de répondre à leur double destination d'établissements de crédit et de bienfaisance?

Ce problème aujourd'hui ne paraît pas insoluble, grâce aux lois récentes sur les jeux.

Depuis 1891, l'État dispose de fonds hors budget dont le montant atteint un chiffre assez élevé et qui s'est accru dans une notable proportion dans ces dernières années.

La Banque, en faisant cette réponse, oubliait que les emprunts du Mont-de-Piété sont garantis, aux termes du règlement de l'an XIII, par la dotation des hospices. Elle eût pu se borner à opposer le texte de ses statuts qui ne permettent pas de semblables opérations.

Je veux parler d'abord des fonds du pari mutuel. Ils ont été affectés par différentes lois, pour les deux tiers, au ministère de l'Agriculture qui en dispose pour subventionner l'élevage et les travaux d'adduction d'eau potable, et, pour un tiers, au ministère de l'Intérieur qui doit les employer à aider les collectivités locales dans leurs projets d'agrandissement et de construction d'hopitaux.

Du 1er janvier au 31 décembre 1911, le produit du prélèvement sur les enjeux au pari mutuel des champs de courses, s'est élevé à 7.679.660 fr. 70.

D'autre part, une loi du 15 juin 1907 sur les cercles et casinos est venue doubler le montant de ces fonds hors budget. L'article 4 de cette loi dispose : « ...un « prélèvement de 15 % sera opéré sur le produit brut « des jeux au profit d'œuvres d'assistance, de pré- « voyance, d'hygiène ou d'utilité publiques. Une « commission spéciale au ministère de l'Intérieur en « réglera l'emploi ».

En 1910, ce prélèvement de 15 % produisait une somme de 6.566.000 francs.

En 1911 le produit a été exactement de 7 millions 235.267 fr. 07.

Produit du pari mutuel, produit des cercles et casinos, voilà 15 millions destinés à des œuvres diverses. La part du ministère de l'Intérieur est :

1/3 du pari mutuel 2.559.886 90
Totalité du produit des cercles et
casinos 7.235.267 07
                                     ─────────────
              Total pour 1911...... 9.795.153 97

C'est, avec les intérêts, près de dix millions en chiffres ronds que le ministère de l'Intérieur peut consacrer tous les ans à l'assistance, à la prévoyance, à l'hygiène et aux œuvres d'utilité publique.

Il n'est pas douteux que les monts-de-piété, banques de charité, ne rentrent dans la catégorie des œuvres auxquelles le législateur a destiné l'argent des jeux.

Il ne peut être question évidemment de détourner le cours de cette source bienfaisante au seul profit des établissements de prêt sur nantissement : trop d'initiatives intéressantes à encourager, à vivifier en souffriraient. D'ailleurs, il faudrait, en leur affectant exclusivement le montant total des sommes à la disposition du ministère de l'Intérieur, plus de huit années pour constituer la dotation de 80 millions que M. Cochery estimait nécessaires, en 1897, à l'ensemble de leurs opérations.

Il ne s'agit pas de faire main basse sur cette manne précieuse. Il suffirait d'en réserver une portion suffisante pour constituer le gage d'emprunts amortissables.

Voici le système que je propose :

Chacun des monts-de-piété de France et d'Algérie serait autorisé à emprunter le nombre de millions jugé indispensable à ses opérations de prêts.

Ces emprunts seraient contractés soit au Crédit Foncier, soit à la Caisse des Dépôts et Consignations et amortissables en 50 années au plus.

Le budget de chacun de ces établissements serait crédité chaque année d'une somme prélevée sur les dix millions à la disposition du ministère de l'Intérieur et égale au montant de l'annuité destinée au service des intérêts et de l'amortissement de l'emprunt contracté.

Par ce moyen, on peut doter *gratuitement* les 45 établissements de France et d'Algérie du capital qu'actuellement ils sont tenus d'emprunter à grands frais.

Quelle somme totale devrait-on prélever, avec cette affectation spéciale, durant 50 années, sur les fonds hors budget des jeux?

En prenant pour base le chiffre indiqué par M. Cochery, c'est une annuité calculée sur 80 millions qu'il y a lieu de déterminer.

Si mes renseignements sont exacts, les deux établissements de crédit dont j'ai parlé, Crédit Foncier de France, Caisse des Dépôts et Consignations, peuvent en l'état actuel du marché, consentir à un établissement public un prêt amortissable en 50 années au taux de 4,48 % (intérêts et amortissement compris).

Un prêt de 80 millions à ce taux exige une annuité de 3.584.000 francs.

Sur les 15 millions du pari mutuel et des cercles et casinos, réserver un peu plus de 3 millions et demi en faveur de la clientèle d'humbles et de déshérités des monts-de-piété, est-ce excessif? Non, si l'on veut bien considérer l'intérêt social de ces établissements qui est au moins égal, sinon supérieur, à celui que présentent les mille petites œuvres où vont actuellement, sous forme de subventions extraordinaires, les millions du jeu.

D'ailleurs ces œuvres continueront à en bénéficier, dans une proportion moindre sans doute, mais qui demeurera très large, puisqu'elle sera encore de plus des trois quarts.

Je n'ignore pas que la commission spéciale instituée par la loi au ministère de l'Intérieur pour régler l'emploi du produit des jeux, a adopté une jurisprudence aux termes de laquelle les subventions ne peuvent être attribuées à titre fixe et périodique. Par conséquent, pas de subventions renouvelables, pas de subventions annuelles.

Ce principe est excellent : il permet de ne pas immobiliser au profit d'un petit nombre d'œuvres les fonds disponibles, et, au contraire, de subvenir à toutes les nouvelles initiatives qui se présentent. Cette jurisprudence n'aura pas à souffrir du prélèvement nécessaire aux monts-de-piété sous forme d'annuités. Elle s'exercera sur un nombre de millions diminué de quelques unités, voilà tout. Le champ d'action de la commission spéciale sera encore très vaste et ses bienfaits ne cesseront de retomber en rosée fécondante sur quantité d'œuvres éminemment utiles (1).

Aussi bien n'est-ce pas cette commission spéciale qui est qualifiée pour décider la réforme de grande envergure que nous préconisons. Elle ne peut l'être que par une loi. De même que c'est une loi qui a attribué le tiers du produit du pari mutuel à la construction et à l'agrandissement des hôpitaux rendus nécessaires pour l'exécution de la loi de 1893 relative à l'assistance médicale gratuite, de même c'est une loi seule qui peut décider que dorénavant, et avant tout autre prélèvement, une somme de 3 millions 600.000 francs sera attribuée aux monts-de-piété sur le fonds de jeux, en vue de constituer les annuités destinées au service de leurs emprunts amortissables.

(1) D'après un état des ordonnancements effectués en 1911 et publié à la page 72 du projet de loi portant fixation du budget général de l'exercice 1913 (budget des dépenses du ministère de l'Intérieur) les subventions sont attribuées aux communes pour des travaux d'assainissement, pour les cimetières, pour la création de bains-douches, pour les cantines scolaires, les patronages des habitations à bon marché, les patronages laïques, la création de jardins, l'aménagement de bureaux de bienfaisance, l'œuvre des cercles du soldat, du foyer du soldat, etc., etc... Les sommes allouées varient suivant l'importance de l'œuvre à encourager et suivant l'importance de l'effort financier consenti par la commune elle-même.

Si la loi du 15 juin 1907 réglementant le jeu dans les cercles et les casinos des stations balnéaires, thermales et climatériques, loi sœur de celle du 2 juin 1891 qui a réglementé les sociétés de courses et institué le pari mutuel, pouvait avoir pour résultat de permettre aux monts-de-piété de France et d'Algérie de se constituer *gratuitement* une dotation, elle aurait aidé à la réalisation d'une réforme dépassant les espérances de tous ceux qui, jusqu'à ce jour, se sont préoccupés de la situation précaire et lamentable des institutions de prêts sur nantissement.

Lorsque le Mont-de-Piété de Paris fut reconstitué, en l'an XIII, cet établissement était si défectueusement doté que ses prêts se faisaient au taux de 12 %. Ce taux fut réduit à 10 %, puis à 9,50 %, puis enfin, après des vicissitudes diverses, à 8 % qui est celui d'aujourd'hui.

En raison de son élévation, il mérite la qualification d'usuraire. Le fait de prêter habituellement de l'argent à des particuliers à un taux supérieur à 5 % constitue en effet, aux termes de la loi, le délit d'usure. Il y a plus de cent ans que le Mont-de-Piété commet ce délit, involontairement sans doute et sans intention de nuire: c'est le délit forcé. Il appartient au législateur de lui procurer les moyens de se comporter dorénavant en «honnête homme».

Quel meilleur usage peut-on faire du produit des jeux que d'en employer une partie à la réforme depuis si longtemps attendue des monts-de-piété.

La Ville de Paris, particulièrement, a peut-être quelques titres pour revendiquer une quote-part de l'argent des joueurs en faveur de son établissement de prêts sur gages. N'est-ce pas sur ses champs de courses de Longchamp, d'Auteuil et de Vincennes, n'est-ce pas dans ses cercles que s'effectuent les plus gros prélèvements? C'est l'argent des Parisiens qui alimente le plus abondamment le fonds de subvention des jeux. Une affectation de 2.240.000 francs au service d'un emprunt de 50 millions (1) serait en quelque sorte une restitution faite à Paris d'une modeste partie des prélèvements effectués sur les sommes exposées au jeu par ses habitants.

(1) C'est en effet une somme de 45 à 50 millions que le Mont-de-de-Piété de Paris est obligé d'emprunter tous les ans. Le taux des emprunts de la Ville de Paris qui jouit d'un crédit de tout premier ordre, est inférieur à celui de 4,48 % dont il est question ici. Ses derniers emprunts ont été effectués à moins de 4 %, intérêts et amortissement compris. Pour diminuer l'importance de l'annuité, il y aurait peut-être avantage à la charger de faire l'emprunt pour le compte du Mont-de-Piété.

CONCLUSION

La combinaison financière que nous proposons, si elle était admise, aurait pour effet de ramener immédiatement le taux des prêts à un niveau normal. C'est là le point capital, si l'on songe que la clientèle qui se presse aux guichets du Mont-de-Piété est surtout composée d'ouvriers et de petits commerçants. Au surplus les opérations de cet établissement sont considérables (1). Réduire de 3 0/0 au moins le taux

(1) En voici pour témoignage un tableau qui embrasse les années 1900 et suivantes.

J'ai dit que les engagements sur valeur mobilière s'élevaient, bon an mal an, à 8.000.000 de francs environ.

Il s'agit ici des engagements sur gages corporels :

Années	Articles	Sommes (francs)
1900	1.119.888	35.846.066
1901	1.169.964	39.889.152
1902	1.128.349	39.363.890
1903	1.117.757	36.572.014
1904	1.090.918	38.325.940
1905	1.012.038	36.572.697
1906	997.825	38.668.798
1907	1.010.125	41.430.220
1908	1.068.311	41.779.090
1909	1.075.412	38.376.922
1910	1.040.510	38.598.520

aujourd'hui en usage, c'est permettre à un grand nombre de braves gens dans la gêne de faire, bon an mal an à Paris, l'économie d'une somme de 1.500.000 francs environ, qui à l'heure actuelle est prélevée en abus sur leur misère. C'est en outre mettre fin au détestable exemple, donné par un établissement officiel, d'opérations de prêt faites au mépris de la loi et dont peuvent s'autoriser, avec un semblant de raison, les professionnels de l'usure pour prétendre à la légitimité de leurs abjects trafics.

Cette réforme qui bouleverserait heureusement et si profondément les traditions des monts-de-piété, ne saurait dispenser de l'effort nécessaire au succès d'autres projets qui, pour n'avoir pas une égale et aussi décisive portée, n'en seraient pas moins fertiles en heureuses conséquences.

C'est ainsi qu'aucune bonne raison ne semble s'opposer à l'accomplissement du vœu du Conseil municipal tendant à porter jusqu'à 3.000 le maximum fixé pour les prêts sur valeurs mobilières. L'augmentation des ressources propres du Mont-de-Piété qui s'ensuivrait, pourrait aider à l'établissement d'un régime de faveur pour les prêts sur gages de petite importance, et, par là-même, faciliter l'usage d'une large bienfaisance à l'égard de la clientèle la plus nécessiteuse.

De même, la proposition de M. Strauss ayant pour but de modifier les conditions de la prisée et de substituer aux commissaires-priseurs des agents appointés procurerait des économies sans diminuer la justesse des estimations; également la réforme de l'article 411 du Code pénal conformément à l'avis du Conseil d'État, assainirait les alentours du Mont-de-Piété et de ses succursales. Et l'on peut espérer que la vente des objets engagés s'opérerait dans des conditions moins défavorables, si les acheteurs pouvaient consigner par écrit le montant de leur offre avant le jour de l'adjudication.

Cet ensemble de mesures dont aucune n'est négligeable, ferait du Mont-de-Piété de Paris un établissement modèle digne d'un pays démocratique. Par là sans doute les actuelles conditions sociales ne seraient pas changées : Il y aurait seulement progrès dans l'organisation du crédit offert aux quotidiennes détresses.

Est-ce à dédaigner ?

BIBLIOGRAPHIE

Ducrocq, *Cours de droit administratif*, t. VI. — Cauwès, *Cours d'économie politique*, t. II et t. III. — Gide, *Principes d'économie politique*. — Derouin, Gory et Worms, *L'Assistance publique*, t. I, p. 471. et sq. — De Pontich, *Administration de la Ville de Paris et du Département de la Seine*, 1884. — Cochut, *Notes concernant les relations du Mont-de-Piété et l'Assistance publique*. — A. Peyron, *L'Assistance publique et le Mont-de-Piété*. — Rapport de M. Hervieux, conseiller municipal, n° 33 de 1885. — *Bulletin municipal officiel*, 14 novembre 1885, p. 2137 et s. — Rapports de M. Henry Rousselle, conseiller municipal, 1907-1908-1909. — Rapport de M. Petitjean, conseiller municipal, 1911.

TABLE DES MATIÈRES

CHAPITRE IV

LE MONT-DE-PIÉTÉ ET L'ASSISTANCE PUBLIQUE

CHAPITRE V

CRITIQUES ET RÉFORMES

Pithiviers. — Imprimerie Pithivérienne. — 4578.

DOMANGE

IMPRIMEUR

PITHIVIERS

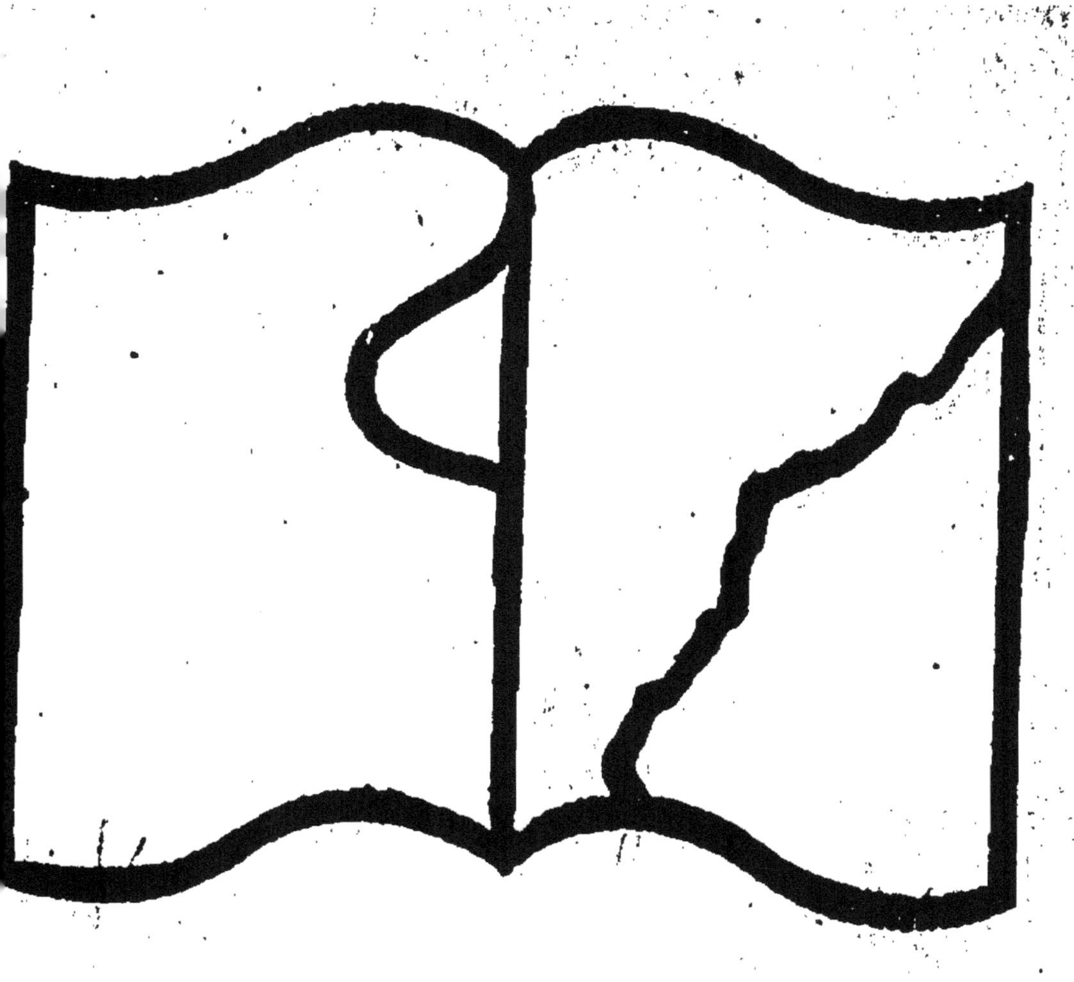

Texte détérioré — reliure défectueuse
NF Z 43-120-11